추구집(推句集)
하늘은 높고 해와 달은 밝으며

譯解 方賢娥

서문

"추구(推句)"는 "구절(句節)을 뽑는다[推]"라는 뜻입니다. 널리 알려진 격언이나 성어, 혹은 시구(詩句) 등 좋은 글귀를 뽑아 하나의 교재로 만들어 사용하며 『추구집』이라는 이름으로 불리게 된 것입니다. 『추구집』의 저자는 특별한 인물로 지목되고 있지 않으며 정확하게 알려지지 않고 있습니다. 따라서 추구집은 이본마다 조금씩 다른 구절로 구성되어 있으며, 필사본 역시 다양한 형태로 전해지고 있습니다. 일반적으로 편찬연대는 조선 후기로 보고 있으나 이는 당시에 학생들을 가르치던 교재로써 많이 사용되었기 때문이며 이는 활발한 유통으로 인한 것이었습니다.

『추구집』은 지난날 서당에서 학생들이 글을 배우던 시절, 천자문, 사자소학, 유합, 훈몽자회 등의 교재를 통해 한문을 익히면서 기초를 견실히 가다듬기 위해 함께 사용한 학습 교과물입니다. 각각의 낱글자를 조합하여 하나의 문장으로 형성되는 문장구성법은 한문 문장을 간략하고도 정확하게 이해하는 데 큰 도움을 주었습니다.

『추구집』은 모두 다섯 글자로 된 오언시의 형식으로 구성되어 있으며, 모두 240구 1,200자로 이루어진 교재가 일반적입니다. 그러나 반복되는 한자 없이 신습 한자만 계산하면 약 520자 정도의 한자로 구성되어 있습니다. 평균 2회 정도 글자의 반복이 있다는 말이 됩니다. 특히, 일(日), 월(月), 산(山), 천(天)과 같이 자주 쓰이는 한자는 지속해서 반복되고 있는 반면, 솔(蟀), 눈(嫩)처럼 일상생활에서 자주 쓰이지 않는 한자는 한 번씩 등장하기도 합니다. 현재 지정되어 통용되고 있는 한자 급수로 친다면 5급 정도가 조금 넘는 분량이라고 하겠습니다.

본서의 목적은 한자를 배우고자 하는 초학자가 가장 쉽게 익힐 수 있도록 지침서의 역할을 하는 데 있습니다. 한자의 음과 뜻을 배우되, 낱글자를 문장 속에서 배울 수 있도록 한 것입니다. 정확한 번역을 위해서는 해석 순서를 숫자로 기록하였습니다. 또한, 되도록 글자의 본뜻을 살리는 직역을 사용하였으며, 부득이한 경우에만 의역을 겸하였습니다. 음과 뜻도 '서로 상(相)'이 문장 속에서 '재상 상'의 뜻으로 쓰였다면 '재상 상'으로 적어두었습니다. 간략히 배우는 데 초점을 두었으므로 되도록 긴 서술은 피하였습니다. 따라서 각 구절에 담긴 깊은 뜻은 독자들이 여러 번 반복하여 읽고 쓰면서 자신의 경험에 비추어 그 속뜻과 의미를 감상하기 바랍니다.

본 책이 교육서로서 유용한 이유는 다음과 같습니다.

첫째, 모든 글자를 합해도 520여 자밖에 되지 않아 빠른 기간에 기초한자를 습득할 수 있습니다. 낱글자가 아니라 간단한 문장으로 구성되어 있기에 번역을 하며 음과 뜻을 쉽게 익힐 수 있습니다. 가령 『천자문』 같은 경우는 일상에서 잘 쓰이지 않는 한자가 나오기도 하며 1,000자가 반복 없이 구성된 반면, 『추구집』은 자주 쓰이는 쉬운 한자들로 구성되었거나 반복이 많다는 장점이 있기 때문입니다.

둘째, 내용을 번역할 때 쉽게 학습할 수 있도록 해석 순서를 적어 두었으며, 문법 사항도 간단하게 하여 한문 문법의 기초학습에 적절하게 구성되었습니다. 주어와 서술어, 서술어와 목적어, 서술어와 보어 등 가장 간단한 구조를 파악하기에 용이한 문장구조를 갖추고 있습니다. 내용에 들어가기에 앞서 간략히 설명한 문법도 필수적인 것만 추려 최소화하였습니다.

셋째, 내용적인 면에서 자연의 섭리와 인간의 기본 윤리 등 간명하지만 깊은 사색을 담고 있어 초등학생부터 성인에 이르기까지 각자 자신이 처한 상황에서 그 의미를 적용하여 습득할 수 있습니다. 마지막으로 본서는 기존 한문 서적이 가지고 있는 예스러움을 살리되 한글에 익숙한 세대를 위한 점을 조금 보완하였습니다. 가령 사내 남(男), 계집 녀(女)처럼 이전의 사용하던 음과 뜻에서 벗어나 새로이 '남자 남', '여자 녀' 등으로 바꾸어 표현하였음을 밝혀 둡니다.

한자와 한문을 쉽고도 정확하게 제대로 배우고자 하는 사람들에게 이 책이 유용하게 쓰이기를 바랍니다. 학습자의 교양과 학문적 진보, 그리고 내면의 깊이 있는 인격의 성장을 기대합니다.

2025년 1월에 필자 씀

한문의 기초 _한자, 한자어, 한문

본서에서는 가장 기본이 되는 한문의 개념을 가장 간명하면서도 명쾌하게 설명하고자 하였습니다. 최근 중·고등학교 교육과정에서는 기존의 한문 문법이 큰 비중을 차지하지 않고 있으며, 생활에 유용하게 활용할 수 있는 교육적 가치를 지향하고 있습니다. 하지만 한자를 배우기 위해 꼭 익혀야 할 개념들은 여전히 유효합니다. 이를 위해 가장 기본적인 개념인 한자, 한자어, 한문을 정의하면 다음과 같습니다. 한자(漢字)는 음과 뜻을 가진 낱글자를 말합니다. 한자어(漢字語)는 한자와 한자가 모여 단어를 이룬 어휘를 말합니다. 한문(漢文)은 한자어가 모여 주어, 서술어, 목적어를 포함하는 하나의 완결된 문장구조를 형성한 것을 말합니다.

다음 설명을 간략히 읽고 시작해 봅시다.

1. 한자의 3요소

한자는 형(形, 모양), 음(音, 소리), 의(意, 뜻)의 3요소를 가지고 있습니다.

예를 들면, 나무 목은 〈木(모양), 목(소리), 나무(뜻)〉이며, 물 수는 〈水(모양), 수(소리), 물(뜻)〉입니다. 다만 한자는 음과 뜻이 여러 가지인 경우가 적지 않음을 반드시 염두에 두어야 하며 이는 문장 속에서 각기 다르게 사용되므로 이를 적절하게 구분하는 것이 가장 좋습니다. 아래 예시로 든 경우를 참고하시기 바랍니다.

형(形)	음(音)	의(意)	예시
相	상	서로 재상	㉑ 상부상조(相扶相助) ㉑ 왕후장상(王侯將相)
北	북 배	북녘 달아날	㉑ 동서남북(東西南北) ㉑ 패배(敗北)
樂	락 악 요	즐거울 음악 좋아할	㉑ 낙원(樂園) ㉑ 음악(音樂) ㉑ 요산요수(樂山樂水)

2. 부수 214자

　부수란 자전(字典)에서 찾아보기 쉽게 배열하도록 수많은 한자의 형태를 분석하여 공통되는 부분이 있는 글자들을 부(部)로 묶고, 각 부의 글자들에서 서로 공통되는 부분을 부수(部首)라고 한 것입니다. 부수는 그 글자의 개략적인 뜻을 나타내기에 한자의 뜻부분에 해당합니다. 더 쉽게 말한다면 한자를 이루는 가장 작은 단위로 더 이상 쪼갤 수 없는 최소단위가 됩니다. 영어에서의 알파벳, 한글에서의 자음, 모음에 해당한다고 할 수 있으며, 현재 사용되는 부수는 모두 214자로 확정되어 있습니다. 부수를 알면 그 글자의 뜻을 유추할 수 있다는 장점이 있으므로 부수는 반드시 익혀두어야 합니다. 가령 강(江)은 수(水, 氵)와 공(工)으로 이루어진 한자로, 부수는 수(水, 氵)이며 뜻부분이 되고, 오른쪽의 장인 공(工)은 음부분이 됩니다. 또한, 수(水, 氵) 부수가 들어가는 한자는 거의 물과 관련된 뜻이 된다고 생각하면 용이합니다. 구름 운(雲)의 부수는 우(雨)이며, 이 부수가 들어가는 한자는 구름[雲], 서리[霜, 서리 상], 눈[雪, 눈 설], 안개[霧, 안개 무], 번개[電, 번개 전] 등과 관련이 있습니다. 214자의 부수의 이름은 별도의 표로 제시합니다. 이를 한꺼번에 암기하기는 어려우니 쉬운 한자부터 이름을 찾아가며 익히고 적용하면 빠르게 습득할 수 있습니다.

부수의 명칭

一	丨	丶	丿	乙	亅	二	亠	人(亻)	儿	入	八	冂
① 한 일	뚫을 곤	점 주	삐칠 별	새 을	갈고리 궐	② 두 이	머리 두	사람 인	어진사람 인	들 입	여덟 팔	멀 경
冖	冫	几	凵	刀(刂)	力	勹	匕	匚	匸	十	卜	卩(㔾)
덮을 멱	얼음 빙	안석 궤	입벌릴 감	칼 도	힘 력	쌀 포	비수 비	상자 방	감출 혜	열 십	점 복	병부 절
厂	厶	又	口	囗	土	士	夂	夊	夕	大	女	子
언덕 한	사사 사	또 우	③ 입 구	에울 위	흙 토	선비 사	뒤져올 치	천천히걸을 쇠	저녁 석	큰 대	여자 녀	아들 자
宀	寸	小	尢	尸	屮	山	巛	工	己	巾	干	幺
집 면	마디 촌	작을 소	절름발이 왕	주검 시	싹날 철	메 산	내 천	장인 공	몸 기	수건 건	방패 간	작을 요
广	廴	廾	弋	弓	彐(彑)	彡	彳	心(忄)	戈	戶	手(扌)	支
집 엄	길게걸을 인	손맞잡을 공	주살 익	활 궁	돼지머리 계	터럭 삼	걸을 척	④ 마음 심	창 과	지게문 호	손 수	지탱할 지
攴(攵)	文	斗	斤	方	无(旡)	日	曰	月	木	欠	止	歹(歺)
칠 복	글월 문	말 두	도끼 근	모 방	없을 무	날 일	가로 왈	달 월	나무 목	하품 흠	그칠 지	앙상한뼈 알
殳	毋	比	毛	氏	气	水(氵)	火(灬)	爪(爫)	父	爻	爿	片
몽둥이 수	말 무	나란할 비	털 모	성씨 씨	기운 기	물 수	불 화	손톱 조	아비 부	사귈 효	조각 장	조각 편
牙	牛(牜)	犬(犭)	玄	玉(王)	瓜	瓦	甘	生	用	田	疋	疒
어금니 아	소 우	개 견	⑤ 검을 현	구슬 옥	오이 과	기와 와	달 감	날 생	쓸 용	밭 전	발 소	병들 녁
癶	白	皮	皿	目	矛	矢	石	示(礻)	禸	禾	穴	立
걸을 발	흰 백	가죽 피	그릇 명	눈 목	창 모	화살 시	돌 석	보일 시	발자국 유	벼 화	구멍 혈	설 립
竹(⺮)	米	糸	缶	网(罒)	羊(⺸)	羽	老(耂)	而	耒	耳	聿	肉(月)
⑥ 대 죽	쌀 미	실 사	장군 부	그물 망	양 양	깃 우	늙을 로	말이을 이	쟁기 뢰	귀 이	붓 율	고기 육
臣	自	至	臼	舌	舛	舟	艮	色	艸(艹)	虍	虫	血
신하 신	스스로 자	이를 지	절구 구	혀 설	어그러질 천	배 주	그칠 간	빛 색	풀 초	범 호	벌레 충	피 혈
行	衣(衤)	襾(西)	見	角	言	谷	豆	豕	豸	貝	赤	走
다닐 행	옷 의	덮을 아	⑦ 볼 견	뿔 각	말씀 언	골 곡	콩 두	돼지 시	발없는벌레 치	조개 패	붉을 적	달릴 주
足	身	車	辛	辰	辵(辶)	邑(阝)	酉	釆	里	金	長	門
발 족	몸 신	수레 거(차)	매울 신	별 진(신)	달릴 착	고을 읍	닭 유	분별할 채	마을 리	⑧ 쇠 금	길 장	문 문
阜(阝)	隶	隹	雨	靑	非	面	革	韋	韭	音	頁	風
언덕 부	미칠 이	새 추	비 우	푸를 청	아닐 비	⑨ 얼굴 면	가죽 혁	가죽 위	부추 구	소리 음	머리 혈	바람 풍
飛	食(飠)	首	香	馬	骨	高	髟	鬥	鬯	鬲	鬼	魚
날 비	밥 식	머리 수	향기 향	말 마	뼈 골	높을 고	머리털늘어질표	싸울 투	술 창	솥 력	귀신 귀	고기 어
鳥	鹵	鹿	麥	麻	黃	黍	黑	黹	黽	鼎	鼓	鼠
새 조	염밭 로	사슴 록	보리 맥	삼 마	누를 황	기장 서	검을 흑	바느질 치	맹꽁이 맹	솥 정	북 고	쥐 서
鼻	齊	齒	龍	龜	龠							
코 비	가지런할 제	이 치	용 룡	거북 귀	피리 약							

3. 한자의 필순

글자를 쓸 때 획을 긋는 순서를 '필순'이라고 합니다. 한자의 필순은 한자를 짜임새 있고 편리하게 쓰기 위해 합리적인 순서를 정한 것이므로 교재마다 조금씩 다르게 언급되기도 합니다. 물론 예외적인 경우도 있습니다. 따라서 본서에서는 일반적으로 적용되는 경우로 적절히 설명하였습니다. 몇 가지 원칙을 간략히 정리하면 다음과 같습니다.

① 위에서 아래로 씁니다. (예) 三
② 왼쪽에서 오른쪽으로 씁니다. (예) 川
③ 가로획을 먼저 쓴 후, 세로획을 씁니다. (예) 十
④ 삐침(丿)을 먼저 쓴 후, 파임(乀)을 씁니다. (예) 八
⑤ 왼쪽과 오른쪽이 대칭일 때는 가운데를 먼저 씁니다. (예) 小
⑥ 글자 전체를 꿰뚫는 획은 나중에 씁니다. (예) 中, 事, 女
⑦ 에워싸는 획은 바깥 쪽을 먼저 쓰고 안쪽을 쓴 후, 마지막에 닫습니다. (예) 國
⑧ 오른쪽 위의 점은 맨 나중에 씁니다. (예) 犬
⑨ 辶이 받침으로 쓰일 때는 나중에 씁니다. (예) 近
⑩ 廴, 走, 是가 받침으로 쓰일 때는 먼저 씁니다. (예) 建, 起, 題

4. 한자어의 짜임

한자어의 짜임은 주술, 수식, 술목, 술보관계로 이루어져 있습니다. 이밖에 대립관계, 유사관계, 대등관계 등의 구분이 있지만 문법에서는 크게 위의 네 가지 관계에 유의하면 번역에는 큰 문제가 없습니다. 또한, 한자는 되도록 앞에서부터 해석해 나가며 영어와 유사한 어순으로 되어 있습니다.

① 주술관계 : 주어+서술어   (예) 天高 (천고) : 하늘은 높다.
② 수식관계 : 수식어+피수식어   (예) 明月 (명월) : 밝은 달
③ 술목관계 : 서술어+목적어   (예) 讀書 (독서) : 책을 읽다.
④ 술보관계 : 서술어+보어   (예) 入學 (입학) : 학교에 들어가다.

5. 한문의 짜임

한문은 완결된 문장을 말합니다. "주어+서술어+목적어+보어"로 구성된 가장 간단하면서도 완결된 문장입니다. 다만, 한문에는 아래 예문에 나오는 '어조사 어(於)'처럼 조사에 해당하는 허사(虛辭)가 쓰이는 경우가 많습니다. 어조사 어(於)를 번역할 때는 "~에, ~에서, ~에게, ~보다"처럼 뒤에 나오는 한자의 성질에 따라 다양한 뜻으로 번역됩니다. 어조사 야(也), 어조사 의(矣), 어조사 호(乎) 등의 허사가 등장하지만, 추구는 오언시의 형식으로 구성되어 있어서 허사의 쓰임이 생략되어 있거나 없는 경우가 많습니다. 이 점은 추구집이 기초한자와 기초 문법을 배우기에 적절한 교재라는 것을 입증해주고 있습니다.

(예) ① 少女種花於庭園 (소녀종화어정원) : 소녀가 정원에서 꽃을 심었다.
　　　　1 5 4 3 2　　　　　　　　　　　1　　2　3　4　5

(예) ② 老子問禮於孔子 (노자문례어공자) : 노자가 공자에게 예를 물었다.
　　　　1 5 4 3 2　　　　　　　　　　　1　　2　3　4　5

추구집
推句集

쉽게 배우고 익히는 한자

자연의 이치를 통해 배우는

삶의 지혜와 해법

天	高	日	月	明
하늘 천	높을 고	해 일	달 월	밝을 명
1	2	3	4	5

하늘은 높고 해와 달은 밝으며

地	厚	草	木	生
땅 지	두터울 후	풀 초	나무 목	날 생
1	2	3	4	5

땅이 두터우니 풀과 나무가 자라나네

月	出	天	開	眼
달 월	날 출	하늘 천	열 개	눈 안
1	2	3	5	4
달이 뜨니 하늘이 눈을 뜬 것 같고					

山	高	地	擧	頭
뫼 산	높을 고	땅 지	들 거	머리 두
1	2	3	5	4
산이 높으니 땅이 머리를 든 것 같네					

東	西	幾	萬	里
동녘 동	서녘 서	몇 기	일만 만	마을 리
1	2	3	4	5

동쪽과 서쪽은 몇 만리인가

南	北	不	能	尺
남녘 남	북녘 북	아닐 불	능할 능	자 척
1	2	5	4	3

남쪽과 북쪽은 자로 잴 수도 없네 *不能 : ~할 수 없다

天	傾	西	北	邊
하늘 천	기울 경	서녘 서	북녘 북	가 변
1	5	2	3	4
하늘은 서북쪽 가로 기울어져 있고					

地	卑	東	南	界
땅 지	낮을 비	동녘 동	남녘 남	지경 계
1	5	2	3	4
땅은 동남쪽 지경으로 낮네					

春	來	梨	花	白
봄 춘	올 래	배 리	꽃 화	흰 백
1	2	3	4	5

봄이 오니 배꽃은 하얗고

夏	至	樹	葉	靑
여름 하	이를 지	나무 수	잎 엽	푸를 청
1	2	3	4	5

여름이 이르니 나뭇잎은 푸르네 *靑=青

秋	凉	黃	菊	發
가을 추	서늘할 량	누를 황	국화 국	필 발
1	2	3	4	5

가을이 서늘하니 노란 국화가 피고 *凉=涼

冬	寒	白	雪	來
겨울 동	찰 한	흰 백	눈 설	올 래
1	2	3	4	5

겨울이 추우니 흰 눈이 내리네

日	月	千	年	鏡
해 일	달 월	일천 천	해 년	거울 경
1	2	3	4	5
해와 달은 천 년 동안의 거울이요				

江	山	萬	古	屛
강 강	뫼 산	일만 만	옛 고	병풍 병
1	2	3	4	5
강과 산은 만 년 동안의 병풍이라네				

東	西	日	月	門
동녘 동	서녘 서	해 일	달 월	문 문
1	2	3	4	5
동쪽과 서쪽은 해와 달의 문이요				

南	北	鴻	雁	路
남녘 남	북녘 북	기러기 홍	기러기 안	길 로
1	2	3	4	5
남쪽과 북쪽은 기러기들의 길이라네 *雁=鴈				

春	水	滿	四	澤
봄 춘	물 수	찰 만	넉 사	연못 택
1	2	5	3	4

봄 물은 사방 연못에 가득하고

夏	雲	多	奇	峰
여름 하	구름 운	많을 다	기이할 기	봉우리 봉
1	2	5	3	4

여름 구름은 기이한 봉우리에 많네 *峰=峯

秋	月	揚	明	輝
가을 추	달 월	날릴 양	밝을 명	빛날 휘
1	2	5	3	4
가을 달은 밝은 빛을 드날리고					

冬	嶺	秀	孤	松
겨울 동	고개 령	빼어날 수	외로울 고	소나무 송
1	2	5	3	4
겨울 고개엔 외로운 소나무가 빼어나네				

日	月	籠	中	鳥
해 일	달 월	새장 롱	가운데 중	새 조
1	2	3	4	5
해와 달은 새장 속의 새요					

乾	坤	水	上	萍
하늘 건	땅 곤	물 수	위 상	부평초 평
1	2	3	4	5
하늘과 땅은 물 위의 부평초라네					

白	雲	山	上	蓋
흰 백	구름 운	뫼 산	위 상	덮을 개
1	2	3	4	5
흰 구름은 산 위의 덮개요					

明	月	水	中	珠
밝을 명	달 월	물 수	가운데 중	구슬 주
1	2	3	4	5
밝은 달은 물속의 구슬이라네					

月	爲	宇	宙	燭
달 월	될 위	집 우	집 주	촛불 촉
1	5	2	3	4
달은 우주의 촛불이 되고					

風	作	山	河	鼓
바람 풍	지을 작	뫼 산	강 하	북 고
1	5	2	3	4
바람은 산과 강의 북이 되네					

月	爲	無	柄	扇
달 월	될 위	없을 무	자루 병	부채 선
1	5	3	2	4

달은 자루 없는 부채가 되고

星	作	絶	纓	珠
별 성	지을 작	끊어질 절	끈 영	구슬 주
1	5	3	2	4

별은 끈이 끊어진 구슬이 되네

雲	作	千	層	峰
구름 운	지을 작	일천 천	층 층	봉우리 봉
1	5	2	3	4
구름은 천 층의 봉우리가 되고					

虹	爲	百	尺	橋
무지개 홍	될 위	일백 백	자 척	다리 교
1	5	2	3	4
무지개는 백 척의 다리가 되네					

秋	葉	霜	前	落
가을 추	잎 엽	서리 상	앞 전	떨어질 락
1	2	3	4	5
가을 잎은 서리 내리기 전에 떨어지고					

春	花	雨	後	紅
봄 춘	꽃 화	비 우	뒤 후	붉을 홍
1	2	3	4	5
봄 꽃은 비 내린 뒤에 붉어지네					

春	作	四	時	首
봄 춘	지을 작	넉 사	때 시	머리 수
1	5	2	3	4

봄은 사계절의 처음이 되고

人	爲	萬	物	靈
사람 인	될 위	일만 만	만물 물	신령 령
1	5	2	3	4

사람은 만물의 영장이 되네

水	火	木	金	土
물 수	불 화	나무 목	쇠 금	흙 토
1	2	3	4	5
수, 화, 목, 금, 토는 오행(五行)이요				

仁	義	禮	智	信
어질 인	옳을 의	예도 례	지혜 지	믿을 신
1	2	3	4	5
인, 의, 예, 지, 신은 오상(五常)이네				

天	地	人	三	才
하늘 천	땅 지	사람 인	석 삼	재주 재
1	2	3	4	5
하늘, 땅, 사람은 삼재이고					

君	師	父	一	體
임금 군	스승 사	아버지 부	한 일	몸 체
1	2	3	4	5
임금, 스승, 부모는 일체라네					

天	地	爲	父	母
하늘 천	땅 지	될 위	아버지 부	어머니 모
1	2	5	3	4

하늘과 땅은 부모가 되고

日	月	似	兄	弟
해 일	달 월	같을 사	형 형	아우 제
1	2	5	3	4

해와 달은 형제와 같네

夫	婦	二	姓	合
남편 부	부인 부	두 이	성씨 성	합할 합
1	2	3	4	5

남편과 아내는 두 성씨의 합이요

兄	弟	一	氣	連
형 형	아우 제	한 일	기운 기	이을 련
1	2	3	4	5

형과 아우는 한 기운으로 이어졌네

父	慈	子	當	孝
아버지 부	사랑 자	아들 자	마땅 당	효도 효
1	2	3	4	5

부모가 (자식을) 사랑하면 자식은 마땅히 효도하며

兄	友	弟	亦	恭
형 형	벗 우	아우 제	또 역	공손할 공
1	2	3	4	5

형이 (동생을) 사랑하면 아우 또한 공손하다네

父	母	千	年	壽
아버지 부	어머니 모	일천 천	해 년	목숨 수
1	2	3	4	5

아버지와 어머니는 천 년 동안 장수하고

子	孫	萬	世	榮
아들 자	손자 손	일만 만	인간 세	영화 영
1	2	3	4	5

아들과 손자는 만세 동안 영화를 누리네

愛	君	希	道	泰
사랑 애	임금 군	바랄 희	길 도	클 태
2	1	5	3	4
임금을 사랑하여 도가 태평할 것을 바라고					

憂	國	願	年	豊
근심 우	나라 국	원할 원	해 년	풍성할 풍
2	1	5	3	4
나라를 걱정하여 해마다 풍년들길 기원하네					

妻	賢	夫	禍	少
아내 처	어질 현	남편 부	재앙 화	적을 소
1	2	3	4	5
아내가 어질면 남편은 재앙이 적고					

子	孝	父	心	寬
아들 자	효도 효	아버지 부	마음 심	너그러울 관
1	2	3	4	5
자식이 효도하면 부모의 마음이 너그럽네					

子	孝	雙	親	樂
아들 자	효도 효	둘 쌍	어버이 친	즐거울 락
1	2	3	4	5
자식이 효도하면 두 어버이가 기쁘고					

家	和	萬	事	成
집 가	화목할 화	일만 만	일 사	이룰 성
1	2	3	4	5
집안이 화목하면 모든 일이 이루어지네				

思	家	淸	宵	立
생각 사	집 가	맑을 청	밤 소	설 립
2	1	3	4	5

집을 생각하며 맑은 밤에 서성이다가

憶	弟	白	日	眠
생각할 억	아우 제	흰 백	해 일	잠잘 면
2	1	3	4	5

아우를 생각하며 대낮에 졸고 있네

家	貧	思	賢	妻
집 가	가난할 빈	생각 사	어질 현	아내 처
1	2	5	3	4
집이 가난하면 어진 아내를 생각하고					

國	亂	思	良	相
나라 국	어지러울 란	생각 사	어질 량	재상 상
1	2	5	3	4
나라가 어지러우면 어진 재상을 생각하네				

綠	竹	君	子	節
푸를 록	대나무 죽	임금 군	아들 자	마디 절
1	2	3	4	5

푸른 대나무는 군자의 절개요

靑	松	丈	夫	心
푸를 청	소나무 송	어른 장	지아비 부	마음 심
1	2	3	4	5

푸른 소나무는 장부의 마음이라네

人	心	朝	夕	變
사람 인	마음 심	아침 조	저녁 석	변할 변
1	2	3	4	5

사람의 마음은 아침저녁으로 변하지만

山	色	古	今	同
뫼 산	빛 색	옛 고	이제 금	같을 동
1	2	3	4	5

산빛은 예나 지금이 같다네

江	山	萬	古	主
강 강	뫼 산	일만 만	옛 고	주인 주
1	2	3	4	5
강과 산은 만고의 주인이요					

人	物	百	年	賓
사람 인	물건 물	일백 백	해 년	손님 빈
1	2	3	4	5
인물은 백 년의 손님이네					

世	事	琴	三	尺
세상 세	일 사	거문고 금	석 삼	자 척
1	2	3	4	5
세상일은 거문고 석 자에 있고					

生	涯	酒	一	盃
살 생	물가 애	술 주	한 일	술잔 배
1	2	3	4	5
생애는 술 한 잔에 있네					

山	靜	似	太	古
뫼 산	고요할 정	같을 사	클 태	옛 고
1	2	5	3	4

산이 고요하니 아득한 옛날 같고

日	長	如	少	年
해 일	길 장	같을 여	적을 소	해 년
1	2	5	3	4

날이 긴 것은 소년과 같구나

靜	裏	乾	坤	大
고요할 정	속 리	하늘 건	땅 곤	큰 대
1	2	3	4	5
고요함 속에 하늘과 땅은 크고　*裏=裡					

閒	中	日	月	長
한가할 한	가운데 중	해 일	달 월	길 장
1	2	3	4	5
한가한 가운데 해와 달(세월)은 기네　*閒=閑					

耕	田	埋	春	色
밭갈 경	밭 전	묻을 매	봄 춘	빛 색
2	1	5	3	4
밭을 갈며 봄빛을 묻고					

汲	水	斗	月	光
물길을 급	물 수	말 두	달 월	빛 광
2	1	5	3	4
물을 길으며 달빛을 뜨네					

西	亭	江	上	月
서녘 서	정자 정	강 강	위 상	달 월
1	2	3	4	5
서쪽 정자에는 강 위에 달이 떠 있고					

東	閣	雪	中	梅
동녘 동	집 각	눈 설	가운데 중	매화 매
1	2	3	4	5
동쪽 누각엔 눈 속에 매화 피었네				

飲	酒	人	顏	赤
마실 음	술 주	사람 인	얼굴 안	붉을 적
2	1	3	4	5

술을 마시니 사람의 얼굴이 붉고

食	草	馬	口	靑
먹을 식	풀 초	말 마	입 구	푸를 청
2	1	3	4	5

풀을 먹으니 말의 입이 파랗네

白	酒	紅	人	面
흰 백	술 주	붉을 홍	사람 인	얼굴 면
1	2	5	3	4

탁주는 사람의 얼굴을 붉게 만들고

黃	金	黑	吏	心
누를 황	쇠 금	검을 흑	아전 리	마음 심
1	2	5	3	4

황금은 아전의 마음을 검게 만드네

老	人	扶	杖	去
늙을 로	사람 인	부축할 부	지팡이 장	갈 거
1	2	4	3	5

노인은 지팡이를 짚고 가고

小	兒	騎	竹	來
작을 소	아이 아	말탈 기	대나무 죽	올 래
1	2	4	3	5

어린아이는 대나무를 타고 오네

男	奴	負	薪	去
남자 남	종 노	질 부	섶 신	갈 거
1	2	4	3	5
남자 종은 섶을 지고 가고					

女	婢	汲	水	來
여자 녀	종 비	물길을 급	물 수	올 래
1	2	4	3	5
여자 종은 물을 길어 오네				

洗	硯	魚	吞	墨
씻을 세	벼루 연	물고기 어	삼킬 탄	먹 묵
2	1	3	5	4
벼루를 씻으니 물고기가 먹물을 삼키고				

煮	茶	鶴	避	煙
끓일 자	차 다	학 학	피할 피	연기 연
2	1	3	5	4
차를 달이니 학이 연기를 피하네 *煙=烟				

松	作	延	客	蓋
소나무 송	지을 작	끌 연	손 객	덮을 개
1	5	3	2	4

소나무는 손님을 이끄는 일산이 되고

月	爲	讀	書	燈
달 월	될 위	읽을 독	글 서	등불 등
1	5	3	2	4

달은 글을 읽는 등불이 되네

花	落	憐	不	掃
꽃 화	떨어질 락	가련할 련	아닐 불	쓸 소
1	2	3	5	4

꽃이 떨어지니 가련하여 쓸지 못하고

月	明	愛	無	眠
달 월	밝을 명	사랑 애	없을 무	잠잘 면
1	2	3	5	4

달이 밝으니 사랑스러워 잠들지 못하네

月	作	雲	間	鏡
달 월	지을 작	구름 운	사이 간	거울 경
1	5	2	3	4
달은 구름 사이의 거울이 되고				

風	爲	竹	裏	琴
바람 풍	될 위	대 죽	속 리	거문고 금
1	5	2	3	4
바람은 대나무 속의 거문고가 되네				

掬	水	月	在	手
움켜질 국	물 수	달 월	있을 재	손 수
2	1	3	5	4

물을 움켜쥐니 달이 손에 있고

弄	花	香	滿	衣
희롱할 롱	꽃 화	향기 향	찰 만	옷 의
2	1	3	5	4

꽃을 희롱하니 향기가 옷에 가득하네

五	夜	燈	前	晝
다섯 오	밤 야	등불 등	앞 전	낮 주
1	2	3	4	5
깊은 밤에 등불 앞은 대낮이요					

六	月	亭	下	秋
여섯 륙	달 월	정자 정	아래 하	가을 추
1	2	3	4	5
6월에도 정자 아래는 가을이네					

歲	去	人	頭	白
해 세	갈 거	사람 인	머리 두	흰 백
1	2	3	4	5

세월이 가니 사람의 머리는 하얘지고

秋	來	樹	葉	黃
가을 추	올 래	나무 수	잎 엽	누를 황
1	2	3	4	5

가을이 오니 나뭇잎은 누렇게 되네

雨	後	山	如	沐
비 우	뒤 후	뫼 산	같을 여	목욕할 목
1	2	3	5	4

비 온 뒤에 산은 목욕한 것 같고

風	前	草	似	醉
바람 풍	앞 전	풀 초	같을 사	취할 취
1	2	3	5	4

바람 앞에 풀은 술취한 것 같네 (흔들리네)

人	分	千	里	外
사람 인	나눌 분	일천 천	마을 리	바깥 외
1	5	2	3	4

사람이 천 리 밖에 나뉘어지면

興	在	一	杯	中
흥할 흥	있을 재	한 일	잔 배	가운데 중
1	5	2	3	4

흥은 한 잔 술 속에 있다네

春	意	無	分	別
봄 춘	뜻 의	없을 무	나눌 분	나눌 별
1	2	5	3	4

봄의 뜻은 분별이 없지만

人	情	有	淺	深
사람 인	뜻 정	있을 유	얕을 천	깊을 심
1	2	5	3	4

사람의 정은 얕고 깊음이 있네

花	落	以	前	春
꽃 화	떨어질 락	써 이	앞 전	봄 춘
1	2	3	4	5
꽃이 떨어지기 이전이 봄이요					

山	深	然	後	寺
뫼 산	깊을 심	그러할 연	뒤 후	절 사
1	2	3	4	5
산이 깊어진 후에야 절이 있네					

山	外	山	不	盡
뫼 산	바깥 외	뫼 산	아닐 불	다할 진
1	2	3	5	4

산 밖에 산이 있어 다하지 않고

路	中	路	無	窮
길 로	가운데 중	길 로	없을 무	다할 궁
1	2	3	5	4

길 속에 길이 있어 끝이 없네

日	暮	蒼	山	遠
해 일	저물 모	푸를 창	뫼 산	멀 원
1	2	3	4	5
		날이 저무니 푸른 산이 멀어지고		

天	寒	白	屋	貧
하늘 천	찰 한	흰 백	집 옥	가난할 빈
1	2	3	4	5
		날이 추워지니 초가집이 쓸쓸하네		

小	園	鶯	歌	歇
작을 소	동산 원	꾀꼬리 앵	노래 가	쉴 헐
1	2	3	4	5
작은 동산엔 꾀꼬리 노랫소리 그치고					

長	門	蝶	舞	多
길 장	문 문	나비 접	춤출 무	많을 다
1	2	3	4	5
커다란 문엔 춤추는 나비들 많구나				

風	窓	燈	易	滅
바람 풍	창문 창	등불 등	쉬울 이	멸할 멸
1	2	3	5	4

바람 부는 창에 등불은 꺼지기 쉬운데

月	屋	夢	難	成
달 월	집 옥	꿈 몽	어려울 난	이룰 성
1	2	3	5	4

달빛 드는 집에 꿈은 이루기 어렵네

日	暮	鷄	登	塒
해 일	저물 모	닭 계	오를 등	홰 시
1	2	3	5	4

날이 저물면 닭은 홰에 오르고

天	寒	鳥	入	簷
하늘 천	찰 한	새 조	들 입	처마 첨
1	2	3	5	4

날씨가 추워지면 새가 처마로 들어오네

野	曠	天	低	樹
들 야	빌 광	하늘 천	낮을 저	나무 수
1	2	3	5	4

들이 넓으니 하늘이 나무에 낮게 드리운 듯하고

江	淸	月	近	人
강 강	맑을 청	달 월	가까울 근	사람 인
1	2	3	5	4

강물이 맑으니 달이 사람과 가까이 있네

風	驅	群	飛	雁
바람 풍	몰 구	무리 군	날 비	기러기 안
1	5	2	3	4

바람은 무리 지어 나는 기러기를 몰고

月	送	獨	去	舟
달 월	보낼 송	홀로 독	갈 거	배 주
1	5	2	3	4

달은 홀로 가는 배를 보내네

細	雨	池	中	看
가늘 세	비 우	연못 지	가운데 중	볼 간
1	2	3	4	5

가랑비는 연못 속에서 볼 수 있고

微	風	木	末	知
작을 미	바람 풍	나무 목	끝 말	알 지
1	2	3	4	5

산들바람은 나무 끝에서 알 수 있네

花	笑	聲	未	聽
꽃 화	웃을 소	소리 성	아닐 미	들을 청
1	2	3	5	4
꽃은 웃어도 소리가 들리지 않고					

鳥	啼	淚	難	看
새 조	울 제	눈물 루	어려울 난	볼 간
1	2	3	5	4
새는 울어도 눈물은 보기 어렵네					

白	鷺	千	點	雪
흰 백	백로 로	일천 천	점 점	눈 설
1	2	3	4	5
백로는 천 점의 눈과 같고					

黃	鶯	一	片	金
누를 황	꾀꼬리 앵	한 일	조각 편	쇠 금
1	2	3	4	5
노란 꾀꼬리는 한 조각 금과 같네					

桃李千機錦

桃	李	千	機	錦
복숭아 도	오얏 리	일천 천	베틀 기	비단 금
1	2	3	4	5

복숭아꽃 오얏꽃은 천 개의 베틀로 짠 비단 같고

江	山	一	畫	屏
강 강	뫼 산	한 일	그림 화	병풍 병
1	2	3	4	5

강과 산은 한 폭의 그림 병풍 같구나 *畫=畵

鳥	宿	池	邊	樹
새 조	잘 숙	연못 지	가 변	나무 수
1	5	2	3	4

새는 연못 가 나무에서 잠자고

僧	敲	月	下	門
중 승	두드릴 고	달 월	아래 하	문 문
1	5	2	3	4

스님은 달빛 아래 문을 두드리네

74 棹穿波底月

棹	穿	波	底	月
노 도	뚫을 천	파도 파	밑 저	달 월
1	5	2	3	4

노는 파도 아래 비친 달을 뚫고

船	壓	水	中	天
배 선	누를 압	물 수	가운데 중	하늘 천
1	5	2	3	4

배는 물속에 비친 하늘을 누르네

高	山	白	雲	起
높을 고	뫼 산	흰 백	구름 운	일어날 기
1	2	3	4	5

높은 산에는 흰 구름 일어나고

平	原	芳	草	綠
평평할 평	언덕 원	꽃다울 방	풀 초	푸를 록
1	2	3	4	5

넓은 언덕에는 꽃다운 풀이 푸르네

水	連	天	共	碧
물 수	이을 련	하늘 천	함께 공	푸를 벽
1	3	2	4	5

물은 하늘과 이어져 함께 푸르고

風	與	月	雙	淸
바람 풍	더불 여	달 월	둘 쌍	맑을 청
1	3	2	4	5

바람과 달과 더불어 모두 맑네

山	影	推	不	出
뫼 산	그림자 영	밀 추	아닐 불	날 출
1	2	3	5	4
산 그림자는 밀어내도 나가지 않고					

月	光	掃	還	生
달 월	빛 광	쓸 소	돌아올 환	날 생
1	2	3	4	5
달빛은 쓸어도 다시 생기네					

水	鳥	浮	還	沒
물 수	새 조	뜰 부	돌아올 환	빠질 몰
1	2	3	4	5
물새는 떴다가 다시 잠기고					

山	雲	斷	復	連
뫼 산	구름 운	끊을 단	다시 부	이을 련
1	2	3	4	5
산의 구름은 끊겼다가 다시 이어지네					

月	移	山	影	改
달 월	옮길 이	뫼 산	그림자 영	고칠 개
1	2	3	4	5

달이 옮겨가니 산 그림자 바뀌고					

日	下	樓	痕	消
해 일	아래 하	누각 루	상처 흔	사라질 소
1	2	3	4	5

날이 저무니 누대 흔적 사라지네				

天	長	去	無	執
하늘 천	길 장	갈 거	없을 무	잡을 집
1	2	3	5	4

하늘은 높아서 올라가서 잡을 수 없고

花	老	蝶	不	來
꽃 화	늙을 로	나비 접	아닐 불	올 래
1	2	3	5	4

꽃이 시들면 나비가 오지 않는다네

初	月	將	軍	弓
처음 초	달 월	장수 장	군사 군	활 궁
1	2	3	4	5

초승달은 장군의 활과 같고

流	星	壯	士	矢
흐를 류	별 성	굳셀 장	선비 사	화살 시
1	2	3	4	5

유성은 장사의 화살과 같구나

掃	地	黃	金	出
쓸 소	땅 지	누를 황	쇠 금	날 출
2	1	3	4	5

땅을 쓰니 황금이 나오고

開	門	萬	福	來
열 개	문 문	일만 만	복 복	올 래
2	1	3	4	5

문을 여니 모든 복이 들어오네

鳥	逐	花	間	蝶
새 조	쫓을 축	꽃 화	사이 간	나비 접
1	5	2	3	4

새는 꽃 사이의 나비를 쫓고

鷄	爭	草	中	蟲
닭 계	다툴 쟁	풀 초	가운데 중	벌레 충
1	5	2	3	4

닭은 풀 속의 벌레를 다투네 *鷄=雞

鳥	喧	蛇	登	樹
새 조	지껄일 훤	뱀 사	오를 등	나무 수
1	2	3	5	4

새가 지저귀니 뱀이 나무에 오르고

犬	吠	客	到	門
개 견	짖을 폐	손님 객	이를 도	문 문
1	2	3	5	4

개가 짖으니 손님이 문에 이르네

高	峰	撐	天	立
높을 고	봉우리 봉	지탱할 탱	하늘 천	설 립
1	2	4	3	5
높은 봉우리는 하늘을 지탱하고 서 있고					

長	江	割	地	去
길 장	강 강	가를 할	땅 지	갈 거
1	2	4	3	5
긴 강은 땅을 가르며 흘러가네					

碧	海	黃	龍	宅
푸를 벽	바다 해	누를 황	용 룡	집 택
1	2	3	4	5
푸른 바다는 황룡의 집이요				

靑	松	白	鶴	樓
푸를 청	소나무 송	흰 백	학 학	누대 루
1	2	3	4	5
푸른 소나무는 흰 학의 누대라네				

月	到	梧	桐	上
달 월	이를 도	오동나무 오	오동나무 동	위 상
1	5	2	3	4 |ず

달은 오동나무 위에 이르고

風	來	楊	柳	邊
바람 풍	올 래	버들 양	버들 류	가 변
1	5	2	3	4

바람은 버드나무 가로 불어오네

群	星	陣	碧	天
무리 군	별 성	진칠 진	푸를 벽	하늘 천
1	2	5	3	4
뭇별들은 푸른 하늘에 진을 치고					

落	葉	戰	秋	山
떨어질 락	잎 엽	싸울 전	가을 추	뫼 산
1	2	5	3	4
지는 잎은 가을 산에서 싸우듯 하네					

潛	魚	躍	淸	波
잠길 잠	물고기 어	뛸 약	맑을 청	파도 파
1	2	5	3	4

잠긴 물고기는 맑은 물결에서 뛰고

好	鳥	鳴	高	枝
좋을 호	새 조	울 명	높을 고	가지 지
1	2	5	3	4

고운 새는 높은 가지에서 울고 있네

雨	後	澗	生	瑟
비 우	뒤 후	시내 간	날 생	비파 슬
1	2	3	5	4
비온 뒤 시냇물은 비파 소리를 내고					

風	前	松	奏	琴
바람 풍	앞 전	소나무 송	연주할 주	거문고 금
1	2	3	5	4
바람 앞의 소나무가 거문고 소리를 연주하네				

馬	行	千	里	路
말 마	다닐 행	일천 천	마을 리	길 로
1	5	2	3	4

말은 천 리 길을 가고

牛	耕	百	畝	田
소 우	밭갈 경	일백 백	이랑 무	밭 전
1	5	2	3	4

소는 백 이랑의 밭을 가네

馬	行	駒	隨	後
말 마	다닐 행	망아지 구	따를 수	뒤 후
1	2	3	5	4
말이 가니 망아지가 뒤따르고				

牛	耕	犢	臥	原
소 우	밭갈 경	송아지 독	누울 와	언덕 원
1	2	3	5	4
소는 밭을 갈고 송아지는 들판에 누워있네				

狗	走	梅	花	落
개 구	달릴 주	매화 매	꽃 화	떨어질 락
1	2	3	4	5

강아지가 달려가니 매화가 떨어진 것 같고

鷄	行	竹	葉	成
닭 계	다닐 행	대나무 죽	잎 엽	이룰 성
1	2	3	4	5

닭이 가니 댓잎이 이루어진 것 같네

竹	筍	黃	犢	角
대나무 죽	죽순 순	누를 황	송아지 독	뿔 각
1	2	3	4	5
죽순은 누런 송아지의 뿔 같고					

蕨	芽	小	兒	拳
고사리 궐	싹 아	작을 소	아이 아	주먹 권
1	2	3	4	5
고사리순은 어린아이의 주먹 같네					

天	淸	一	雁	遠
하늘 천	맑을 청	한 일	기러기 안	멀 원
1	2	3	4	5

하늘이 맑으니 한 마리 기러기 멀어짐이 보이고

海	闊	孤	帆	遲
바다 해	넓을 활	외로울 고	돛 범	늦을 지
1	2	3	4	5

바다가 넓으니 외로운 돛단배 더디 가는 것 같네

花	發	文	章	樹
꽃 화	필 발	글월 문	글 장	나무 수
1	5	2	3	4
꽃은 문장 나무에서 피고				

月	出	壯	元	峰
달 월	날 출	굳셀 장	으뜸 원	봉우리 봉
1	5	2	3	4
달은 장원봉에서 뜨네				

柳	色	黃	金	嫩
버들 류	빛 색	누를 황	쇠 금	어릴 눈
1	2	3	4	5
버들 빛깔은 황금처럼 곱고					

梨	花	白	雪	香
배 리	꽃 화	흰 백	눈 설	향기 향
1	2	3	4	5
배꽃은 흰 눈처럼 하얗고 향기롭네					

綠	水	鷗	前	鏡
푸를 록	물 수	갈매기 구	앞 전	거울 경
1	2	3	4	5

푸른 물은 갈매기 앞의 거울이요

青	松	鶴	後	屛
푸를 청	소나무 송	학 학	뒤 후	병풍 병
1	2	3	4	5

푸른 솔은 학 뒤의 병풍이라네

雨	磨	菖	蒲	刀
비 우	갈 마	창포 창	창포 포	칼 도
1	5	2	3	4
비 내리니 창포의 칼을 가는 것 같고					

風	梳	楊	柳	髮
바람 풍	빗 소	버들 양	버들 류	터럭 발
1	5	2	3	4
바람 부니 버들 같은 머리칼을 빗질하는 것 같네					

鳧	耕	蒼	海	去
오리 부	밭갈 경	푸를 창	바다 해	갈 거
1	4	2	3	5
오리는 푸른 바다를 밭 갈듯이 가고					

鷺	割	靑	山	來
백로 로	가를 할	푸를 청	뫼 산	올 래
1	4	2	3	5
백로는 푸른 산을 가르듯이 오네					

花	紅	黃	蜂	鬧
꽃 화	붉을 홍	누를 황	벌 봉	시끄러울 뇨
1	2	3	4	5

꽃이 붉으니 누런 벌 요란하고

草	綠	白	馬	嘶
풀 초	푸를 록	흰 백	말 마	울 시
1	2	3	4	5

풀이 푸르니 흰 말이 노래하네

山雨夜鳴竹

山	雨	夜	鳴	竹
뫼 산	비 우	밤 야	울 명	대나무 죽
1	2	3	5	4

산에 내리는 비는 밤에 대나무를 울리고

草	蟲	秋	入	牀
풀 초	벌레 충	가을 추	들 입	침상 상
1	2	3	5	4

풀벌레는 가을에 침상으로 들어오네

遠	水	連	天	碧
멀 원	물 수	이을 련	하늘 천	푸를 벽
1	2	4	3	5
아득한 물은 하늘과 이어져 푸르고					

霜	楓	向	日	紅
서리 상	단풍 풍	향할 향	해 일	붉을 홍
1	2	4	3	5
서리 맞은 단풍은 해를 향해 붉어지네				

山	吐	孤	輪	月
뫼 산	토할 토	외로울 고	바퀴 륜	달 월
1	5	2	3	4

산은 외로운 둥근 달을 토해내고

江	含	萬	里	風
강 강	머금을 함	일만 만	마을 리	바람 풍
1	5	2	3	4

강은 만 리의 바람을 머금었네

露	凝	千	片	玉
이슬 로	엉길 응	일천 천	조각 편	구슬 옥
1	2	3	4	5
이슬이 맺히니 천 조각 구슬 같고					

菊	散	一	叢	金
국화 국	흩어질 산	한 일	떨기 총	쇠 금
1	2	3	4	5
국화가 흩어 피니 한 떨기 황금 같네					

白	蝶	紛	紛	雪
흰 백	나비 접	어지러울 분	어지러울 분	눈 설
1	2	3	4	5

흰 나비는 어지러이 흩날리는 눈 같고

黃	鶯	片	片	金
누를 황	꾀꼬리 앵	조각 편	조각 편	쇠 금
1	2	3	4	5

노란 꾀꼬리는 조각조각 황금 같네

洞	深	花	意	懶
골 동	깊을 심	꽃 화	뜻 의	게으를 라
1	2	3	4	5

골짜기 깊은 곳엔 꽃이 피려는 뜻이 게으르고 (늦게 피고)

山	疊	水	聲	幽
뫼 산	쌓을 첩	물 수	소리 성	그윽할 유
1	2	3	4	5

산 깊은 곳엔 물소리가 그윽하네

氷	解	魚	初	躍
얼음 빙	풀 해	물고기 어	처음 초	뛸 약
1	2	3	4	5

얼음이 녹으니 물고기가 처음 뛰어오르고

風	和	雁	欲	歸
바람 풍	온화할 화	기러기 안	바랄 욕	돌아갈 귀
1	2	3	5	4

바람이 따스하니 기러기가 돌아가려 하네

林風涼不絶

林	風	凉	不	絶
수풀 림	바람 풍	서늘할 량	아닐 불	끊을 절
1	2	3	5	4

숲속의 바람은 서늘하여 끊이지 않고

山	月	曉	仍	明
뫼 산	달 월	새벽 효	인할 잉	밝을 명
1	2	3	4	5

산에 뜬 달은 새벽에도 여전히 밝네

竹	筍	尖	如	筆
대나무 죽	죽순 순	뾰족할 첨	같을 여	붓 필
1	2	3	5	4
죽순의 뾰족함은 붓과 같고					

松	葉	細	似	針
소나무 송	잎 엽	가늘 세	같을 사	바늘 침
1	2	3	5	4
솔잎의 가늘기는 바늘 같네				

魚	戱	新	荷	動
물고기 어	놀 희	새로울 신	연꽃 하	움직일 동
1	2	3	4	5

물고기가 노니 새로 난 연잎이 살랑거리고 *戱=戲

鳥	散	餘	花	落
새 조	흩어질 산	남을 여	꽃 화	떨어질 락
1	2	3	4	5

새가 흩어지니 남은 꽃이 떨어지네

琴	潤	絃	猶	響
거문고 금	윤택할 윤	줄 현	오히려 유	울릴 향
1	2	3	4	5

거문고가 젖어도 줄은 여전히 소리를 울리고

爐	寒	火	尙	存
화로 로	찰 한	불 화	오히려 상	있을 존
1	2	3	4	5

화로는 식었지만 불은 아직 남아있네

春	北	秋	南	雁
봄 춘	북녘 북	가을 추	남녘 남	기러기 안
1	2	3	4	5

봄에는 북쪽, 가을에는 남쪽에 있는 것은 기러기요

朝	西	暮	東	虹
아침 조	서녘 서	저물 모	동녘 동	무지개 홍
1	2	3	4	5

아침에는 서쪽에, 저녁에는 동쪽인 것은 무지개라네

柳	幕	鶯	爲	客
버들 류	장막 막	꾀꼬리 앵	될 위	손님 객
1	2	3	5	4
버드나무 장막엔 꾀꼬리가 손님이 되고					

花	房	蝶	作	郎
꽃 화	방 방	나비 접	지을 작	사내 랑
1	2	3	5	4
꽃방엔 나비가 신랑이 되네					

日	華	川	上	動
해 일	화려할 화	내 천	위 상	움직일 동
1	2	3	4	5

햇빛은 반짝이며 시냇물 위에 넘실거리고

風	光	草	際	浮
바람 풍	빛 광	풀 초	사이 제	뜰 부
1	2	3	4	5

자연의 아름다움은 풀 사이에 떠 가네

明	月	松	間	照
밝을 명	달 월	소나무 송	사이 간	비출 조
1	2	3	4	5

밝은 달은 소나무 사이로 비추고

淸	泉	石	上	流
맑을 청	샘 천	돌 석	위 상	흐를 류
1	2	3	4	5

맑은 샘은 돌 위로 흐르네

青	松	夾	路	生
푸를 청	소나무 송	낄 협	길 로	날 생
1	2	4	3	5
푸른 소나무는 길 옆에 자라고					

白	雲	宿	簷	端
흰 백	구름 운	잘 숙	처마 첨	끝 단
1	2	5	3	4
흰 구름은 처마 끝에서 자네					

荷	風	送	香	氣
연꽃 하	바람 풍	보낼 송	향기 향	기운 기
1	2	5	3	4

연꽃에 부는 바람은 향기를 보내고

竹	露	滴	淸	響
대나무 죽	이슬 로	물방울 적	맑을 청	울릴 향
1	2	3	4	5

대나무의 이슬은 물방울 져 맑게 울리네

谷	直	風	來	急
골 곡	곧을 직	바람 풍	올 래	급할 급
1	2	3	5	4
골짜기가 곧으면 바람이 급하게 불고					

山	高	月	上	遲
뫼 산	높을 고	달 월	위 상	늦을 지
1	2	3	5	4
산이 높으면 달이 더디게 떠오르네					

蟋蟀鳴洞房

蟋	蟀	鳴	洞	房
귀뚜리 실	귀뚜리 솔	울 명	골 동	방 방
1	2	5	3	4

귀뚜라미는 골방에서 울고

梧	桐	落	金	井
오동나무 오	오동나무 동	떨어질 락	쇠 금	우물 정
1	2	5	3	4

오동잎은 가을 우물에 떨어지네 *金: 가을기운

山	高	松	下	立
뫼 산	높을 고	소나무 송	아래 하	설 립
1	2	3	4	5
산이 높아도 소나무 아래에 서 있고					

江	深	沙	上	流
강 강	깊을 심	모래 사	위 상	흐를 류
1	2	3	4	5
강이 깊어도 모래 위로 흐르네					

花	開	昨	夜	雨
꽃 화	열 개	어제 작	밤 야	비 우
1	5	2	3	4

꽃이 어젯밤 비에 피었다가

花	落	今	朝	風
꽃 화	떨어질 락	이제 금	아침 조	바람 풍
1	5	2	3	4

꽃이 오늘 아침 바람에 떨어지네

大	旱	得	甘	雨
큰 대	가물 한	얻을 득	달 감	비 우
1	2	5	3	4
큰 가뭄에 단비를 얻듯이				

他	鄕	逢	故	人
다를 타	고향 향	만날 봉	옛 고	사람 인
1	2	5	3	4
타향에서 친구를 만나네				

畫	虎	難	畫	骨
그림 화	범 호	어려울 난	그림 화	뼈 골
2	1	5	4	3

호랑이를 그려도 뼈를 그리기는 어렵고

知	人	未	知	心
알 지	사람 인	아닐 미	알 지	마음 심
2	1	5	4	3

사람을 알아도 마음을 알 수는 없네

水	去	不	復	回
물 수	갈 거	아닐 불	다시 부	돌아올 회
1	2	5	3	4

물이 흘러가면 다시 돌아오지 않듯이

言	出	難	更	收
말씀 언	날 출	어려울 난	다시 갱	거둘 수
1	2	5	3	4

말이 나오면 다시 거두기 어렵네

學	文	千	載	寶
배울 학	글월 문	일천 천	해 재	보배 보
2	1	3	4	5

글을 배우는 것은 천 년의 보배요 *載=年

貪	物	一	朝	塵
탐할 탐	물건 물	한 일	아침 조	먼지 진
2	1	3	4	5

물건을 탐하는 것은 하루아침의 티끌이라네

文	章	李	太	白
글월 문	글 장	성씨 리	클 태	흰 백
1	2	3	4	5
문장은 이태백이요					

筆	法	王	羲	之
붓 필	법 법	임금 왕	빛날 희	갈 지
1	2	3	4	5
필법은 왕희지라네					

一	日	不	讀	書
한 일	날 일	아닐 불	읽을 독	글 서
1	2	5	4	3

하루라도 글을 읽지 않으면

口	中	生	荊	棘
입 구	가운데 중	날 생	가시 형	가시 극
1	2	5	3	4

입 안에 가시가 돋는다네

花	有	重	開	日
꽃 화	있을 유	거듭 중	열 개	해 일
1	5	2	3	4

꽃은 다시 피는 날이 있지만

人	無	更	少	年
사람 인	없을 무	다시 갱	적을 소	해 년
1	5	2	3	4

사람은 다시 소년이 될 수 없네

白日莫虛送

白	日	莫	虛	送
흰 백	해 일	없을 막	빌 허	보낼 송
1	2	5	3	4

젊은 날을 헛되이 보낼 수 없으니

青	春	不	再	來
푸를 청	봄 춘	아닐 불	다시 재	올 래
1	2	5	3	4

청춘은 다시 돌아오지 않는다네

역해 방현아

- 성균관대학교 사범대학 한문교육과 졸업
- 성균관대학교 일반대학원 한문학과 석사, 박사 졸업
- 국사편찬위원회 사료연수과정(고문서, 초서 전공) 일반, 고급과정 수료
- 성균관대학교 동아시아한문학연구소 전임연구원
- 한국고간찰연구회 회원
- 성균관대학교 출강

- 저서
『지원 강세륜의 삶과 시문학』(2023)
『우리 시대의 고문진보』(공저, 2023)
『이유수의 간찰과 시고』(공저, 2023)
『조선의 선비 서울을 노래하다』(2024)

추구집(推句集) 하늘은 높고 해와 달은 밝으며

초판 인쇄	2025년 2월 3일
초판 발행	2025년 2월 7일
역　　해	방현아
발 행 인	심상박
발 행 처	도서출판 「내를 건너서 숲으로」
주　　소	(22355) 인천광역시 중구 미단소망로 48 202호
전　　화	(032) 751-1992
팩　　스	(032) 751-1993
e-mail	rillforest@naver.com
웹사이트	www.rillforest.com
등　　록	2019년 5월 27일, 제2019-000013호
I S B N	979-11-988012-2-7　43710　　　값 12,000원

잘못 만들어진 책은 구입한 곳에서 교환해드립니다. 이 책은 저작권법에 의하여 보호받는 저작물입니다.
무단 전재와 무단 복제행위를 금합니다.